LA QUESTION DES EFFECTIFS

AU SIÈGE D'ALÉSIA

Nielrow Éditions : mars 2018

Mise en forme : nielrow

Illustrations tirées de *Vercingétorix* de François Corréard (1889).

ISBN : 978-2-9559619-7-1

LA QUESTION

DES EFFECTIFS

AU SIÈGE D'ALÉSIA

par

ROBERT DE LAUNAY

TABLE

	Avant-propos	i
1	Observations préliminaires	1
2	L'armée de César	4
3	L'armée de Vercingétorix	6
4	L'armée de secours	9
5	Conclusion	14
6	Notes et tableaux	17

AVANT-PROPOS

Le texte reproduit ici présente un intérêt majeur dans la recherche de la vérité historique concernant le siège d'Alésia, ou du moins dans son approche la plus fidèle possible. En effet, mettre ou remettre les choses au point concernant le nombre de combattants dans les armées belligérantes, la gauloise et la romaine, si tant est que ce soit possible d'une manière précise, permet d'expliquer en partie la défaite de l'une et la victoire de l'autre.

Mais il s'agit et s'agissait également de mettre un terme à la polémique au travers de laquelle les historiens et savants dès la fin du XIXe siècle s'entre-déchiraient à coups de théories et d'hypothèses plus ou moins fumeuses sur la localisation géographique de l'oppidum et du siège qui y fut entrepris par les Romains, polémique qui n'est toujours pas éteinte, au contraire.

Ainsi, un des arguments des anti-Alise-Sainte-Reine est encore que le site, en raison de son étendue, ne put accueillir qu'un nombre relativement restreint de défenseurs si l'on s'en tient au

De Bello Gallico de César. Aussi, faut-il rendre justice à Robert de Launay qui a réussi par ces quelques lignes à éclaircir le débat et à replacer les événements dans un cadre raisonnable de possibilités, grâce à des déductions logiques et pertinentes tirées des manuscrits anciens, en comparant les auteurs de son temps, et en analysant les mouvements militaires des uns et des autres d'après ce que la stratégie et la tactique pouvaient alors autoriser. Il reprend en fait le même argument, mais en suspectant César d'avoir exagéré les chiffres. N'oublions pas que Robert de Launay était militaire, et qu'il possédait les notions nécessaires pour juger de ce qui était réalisable en matière de combat.

Son analyse, parue dans la revue *Pro Alesia* en 1912, demeure un modèle du genre, même si on y décèle des a priori favorables – probablement fondés – envers le *Précis des guerres de César,* de Napoléon 1er.

Pour plus de clarté, nous avons relégué les notes de bas de pages originales en fin de texte et modifié leur numérotation en conséquence. Pour finir, le lecteur trouvera un rappel des principaux manuscrits consultés à l'époque par l'auteur, comme par les archéologues et les historiens, en général.

Nielrow

ALISE-SAINTE-REINE.

LA QUESTION DES EFFECTIFS AU SIÈGE D'ALÉSIA

I. – OBSERVATIONS PRÉLIMINAIRES

Le titre de cette étude désigne l'une des questions les plus controversées que soulève le grand drame d'Alésia. On sait comment elle se pose. Sur l'armée romaine, le débat est assez restreint : on oscille généralement entre 60 et 70.000 hommes[1] Mais en ce qui concerne l'armée gauloise, les chiffres donnés par César - 80.000 hommes pour l'armée assiégée, 250.000 fantassins et 8.000 cavaliers pour l'armée de secours[2] –ont été défendus et combattus avec une égale vivacité[3].

Pour aller, suivant l'ordre logique, du général au particulier et resserrer de plus en plus le cercle du raisonnement autour des faits, il convient, avant d'examiner le vif de la question, de rappeler les remarques de Delbrück sur les données de l'historiographie ancienne[4]. Sous une forme peut-être trop impérative, elles sont généralement exactes : les chiffres attribués par les anciens aux armées barbares sont presque toujours exagérés. On en perçoit d'ailleurs immédiatement les raisons : manque de documents, critique insuffisante, amour-propre national. Tout cela s'étale assez naïvement dans Hérodote et très clairement dans Tite-Live pour les

Latins, bien plus encore que pour les Grecs, l'histoire a surtout été un vulgaire magasin d'armes et de couronnes à l'usage d'un pays, moins encore, d'un parti.

Or, César, sous le vernis superficiel d'une élégance et d'une culture pseudo-helléniques, est resté un Romain de vieille roche ; il en a tous les caractères : la prudence, la ruse, l'énergie âpre et patiente, le sang-froid, la cruauté. Assouplies par le « milieu », le « moment » et son génie, des hérédités subsistent. Mais c'est encore le chef d'un parti ; c'est aussi celui qui ne veut pas être « le second dans Rome ». Une autobiographie est forcément partiale ; cependant il y a ici quelque chose de plus. Je prie qu'on veuille bien avoir devant les yeux la date de la publication des Commentaires : 51[5]. Elle prouve deux choses : d'abord la hâte avec laquelle a été rédigé l'ouvrage - hâte dont témoigne Hirtius[6] et qui n'a guère permis à César de rassembler ou contrôler tous les documents nécessaires - et le but poursuivi. Le proconsul allait arriver à un tournant décisif de sa vie dans un an, le triomphe ou l'exil l'attendraient et, pendant son absence, son prestige avait été attaqué, sa popularité sourdement minée ; des bruits de défaite avaient couru à Rome[7]. On conçoit que César se soit pressé de rassurer et raffermir ses partisans ; mais il est clair que la nécessité politique d'où est né le livre a dû ne pas quitter l'esprit de l'auteur et guider sa main[8].

A priori, les Commentaires sont donc suspects : cette défiance se confirme et s'accentue dès qu'on ouvre le livre. Ici toutes les voix sont à peu près unanimes ; Mommsen lui-même le définit « un rapport militaire adressé par le général démocratique au peuple de qui il tient ses pouvoirs »[9]. L'imprécision des dates, des itinéraires et des champs de bataille, notée par Napoléon[10], trahit le manque de documents ; on remarque, en outre, des contradictions[11], et des « oublis » significatifs ; les dangers personnels courus[12], la tentative d'assassinat dont Comm fut l'objet[13], les motifs politiques du général sont passés sous silence. Qu'est-ce à dire? Si, comme l'ont prouvé les fouilles d'Alésia, le fond des Commentaires est exact, c'est qu'il ne pouvait point ne pas l'être. Présenter sous un jour complètement faux des faits qui avaient eu pour témoins 50.000 hommes – 50.000 électeurs – eût été une dangereuse sottise[14]. Ce qui était possible, naturel même, c'était d'enfler discrètement succès et triomphes, de pallier avec une prudente maîtrise fautes et revers, de tout préparer pour que, sans intervention directe, sans panégyrique cicéronien, le lecteur crût conclure lui-même et, le livre fermé, regardât César comme le plus admirable héros de la République. On s'explique ainsi parfaitement le jugement modéré, mais net d'un lettré[15] qui se battit à Pharsale pour le futur dictateur « Pollio Asinius parum diligenter parumque integra veritate compositos putat, cum Caesar pleraque et quae per alios erant gesta, temere crediderit ; et quae per se vel consulto vel etiam memoria lapsus perperam ediderit »[16]. Voilà l'impression même du lecteur moderne.

Il faut, pour la question spéciale qui nous occupe, ajouter deux remarques qui infirment encore l'autorité du texte, sans que l'écrivain puisse en être rendu responsable. Il suffit d'avoir pris part à la moindre manœuvre pour savoir combien il est difficile d'évaluer l'effectif d'une troupe et combien la tendance à grossir le nombre de l'ennemi est instinctivement générale : on voit toujours « double », selon le mot de Napoléon. Je ne citerai qu'un exemple célèbre : Davout, pendant toute la journée du 14 octobre 1806, crut se battre contre la totalité de l'armée prussienne, c'est-à-dire contre des forces plus de deux fois supérieures à celles de Brunswick. Enfin, le texte des Commentaires qui nous donne le détail des effectifs de l'armée de secours[17] est extrêmement incertain : les noms de certains peuples et les chiffres de leurs contingents sont également douteux ; il suffit pour s'en rendre compte de comparer, par exemple, les éditions de Dittenberger et de Meusel[18].

II. – L'ARMÉE DE CÉSAR

César a, la première année de la campagne, 6 légions[19], savoir : la Xe tenant garnison en Gaule[20], les XIe et XIIe levées en Italie en 58, les VIIe, VIIIe et IXe tirées en même temps de leurs quartiers d'Aquilée[21]. Il lève 2 nouvelles légions en 57[22], qui très vraisemblablement sont, d'après le système de numération suivi, les XIIIe et XIVe [23]. A la date de 54, il en nomme 7, puis[24] « unam legionem quam proxime trans Padum conscripserat et cohortes quinque in Eburones » (Sabinus et Cotta) ; cette légion nouvelle a dû porter le n° XV. Au début de 53, il se renforce « multis de causis » (insuccès de Bretagne, massacre de Sabinus, révolte d'Indutiomare, etc.) et compte alors 10 légions[25]. Les 3 nouvelles sont désignées par les numéros des deux légions perdues (XIV et XV) et, d'après l'opinion universelle, le n° I[26]. Les quartiers d'hiver de 53 indiquent 10 légions : 2 chez les Trévires, 2 chez les Lingons, « sex *reliquas* » à Sens[27]. Il en est de même pour ceux de 52 ; après avoir placé 9 légions, César ajoute « ipse Bibracte hiemare constituit »[28] ; or, il n'a qu'une légion à Bibracte, la XIIIe commandée par M. Antonius, son questeur[29]. Mais, en 51, la VIe légion est expressément nommée[30] et Rebilus, qui aux quartiers d'hiver de 52 ne commande qu'une légion[31], en a 2 sous ses ordres[32] ; d'autre part, César dispose alors de 11 légions, puisque après avoir envoyé la XVe en Cisalpine, il lui en reste 10 [33] et qu'après avoir remplacé celle ci par la XIIIe au moment où il donne 2 légions à Pompée, il en garde 8 [34]. Mais cette 11e légion est-elle bien, comme il peut d'abord sembler et comme on l'affirme ordinairement, celle qui porte le n° VI ?

Je crois que César n'a jamais eu la Ire légion sous ses ordres. Traduire dans le texte cité à la note 2, « legionem primam » par 1re légion est un contresens qui, pour être général, n'en est pas moins réel. En rapprochant ce passage de celui qui précède[35], on voit que César désigne simplement ici la première des 3 légions levées en 53. L'expression « ante exactam hiemem » semble en effet indiquer que ces 3 légions n'ont pas en même temps quitté l'Italie et une phrase mise par Plutarque dans la bouche de Caton[36] permet de le soutenir. Cette interprétation est confirmée par ailleurs. On ne voit pas, dans l'hypothèse contraire, pourquoi César aurait brusquement rompu avec le système de numérotation suivi jusque-là, où et quand la VI' légion aurait été levée, le rôle enfin de cette Ire légion qui n'apparaît pas une fois pendant toute la guerre, même pendant cette campagne de 51 au cours de laquelle presque toutes les légions sont nommées. Mais voici une preuve formelle. La VIe légion passe avec la XIVe l'hiver de 52 sur la Saône[37] : or nous avons vu qu'à cette date, César a 10 légions. Lui donner cette mythique Ire serait porter ce chiffre à 11, ce que le texte dément deux fois[38] Les trois légions envoyées par Pompée sont les VIe, XIVe et XVe.

Quelle est donc la nouvelle légion de 51 ? Au début de 52, César « partem copiarum ex Provincia supplementumque quod ex Italia adduxerat in Helvios qui fines Arvernorum contingunt convenire jubet »[39]. Ce « supplementum » ne constitue pas une légion puisqu'il n'en a que 10 pendant toute la campagne. Mais j'inclinerais à penser qu'après Alésia il le compléta par une levée en Transalpine pour former l'Alauda dont parle Suétone[40], que Nipperdey identifie à tort avec la VIe [41] et que Ferrero lui attribue dès 55 [42].

Quoi qu'il en soit, cette discussion permet d'établir que César avait devant Alésia 10 légions et non 11 [43]. En voici le détail[44] :

Labienus et Rutilus	VIIe, XVe Cavalerie,
Fabius et Basilus	VIIIe, IXe,
Reginus	XIe,

… / …

Sextius	XIIIe,
Rebilus	XIVe,
Cicéron	XIVe,
Sulpicius	VIe,
Antonius	XIIe.

Leur effectif n'a guère dû dépasser 40.000 hommes. On voit les légions de César osciller entre 3.500 [45] et 5.000 hommes[46].S. Rufus paraît donc pouvoir justement les fixer en moyenne à 4.000 hommes[47]. Je m'en tiens d'autant plus volontiers à ce chiffre pour évaluer l'armée d'Alésia que Gergovie a coûté à César, non pas comme il le dit, 700 hommes[48], mais le sextuple[49]. En admettant une cavalerie de 4 à 5.000 hommes[50] et en tenant compte des renforts tirés de Germanie après Gergovie[51], je ne crois pas que l'armée romaine ait réuni sous les murs de l'oppidum gaulois beaucoup plus de 50.000 hommes.

III.– L'ARMÉE DE VERCINGÉTORIX

La base sur laquelle peut être sérieusement fondée une estimation de l'armée de Vercingétorix est sa tactique[52]. Avoir une forte cavalerie – on sait la réputation de l'excellente cavalerie gauloise – accompagnée d'une infanterie peu nombreuse, mobile, disciplinée[53], facile à manier et à ravitailler, harceler l'ennemi et refuser le combat en principe, tout en se réservant d'user de l'occasion favorable, c'est-à-dire sans se résigner à une défense passive, tel a été le but constant de Vercingétorix[54]. Le lendemain du soulèvement, c'est de la cavalerie qu'il réclame[55] ; pour le reste, il demande plutôt une organisation défensive que des hommes[56] ; même, il donne à Luctérius une partie de ses troupes pour opérer une diversion chez les Ruténes pendant que Drappès attaque Labiénus[57]. La bataille de Noviodunum n'est qu'un combat de cavalerie ; il en sera de même de celle de l'Armançon et de la première rencontre sous Alésia[58]. Après la défaite, Vercingétorix insiste sur son plan, l'expose en détail[59] et n'hésite pas a en requérir l'application jusque dans ses extrêmes conséquences : le feu doit faire le désert devant les Romains. Les prières des Bituriges, en lui arrachant le salut d'Avaricum, lui valent un nouveau revers : il montre encore la nécessité de s'en tenir à sa tactique[60]. Peu après, il reçoit des renforts : ce sont des archers et des cavaliers aquitains[61]. Gergovie ne l'aveugle pas ; il prêche toujours l'incendie à l'assemblée de Bibracte et veut qu'on lui fournisse 15.000 cavaliers, mais pas un fantassin[62] ; les Arvernes, qui vinrent cependant à lui[63], ne durent lui apporter que des dévouements isolés. Il est probable que ces 15.000 hommes n'eurent pas tous le temps ou la volonté de le rejoindre[64]. Ce chiffre n'en est pas moins une base. En réunissant au nouveau contingent la cavalerie avec laquelle Vercingétorix avait jusqu'alors tenu la campagne – 5 à 6.000 hommes[65]– on distingue autour de lui 15 à 18.000 cavaliers.

Jusqu'à l'assemblée de Bibracte, Vercingétorix en a donc la moité environ[66]. L'estimation de son infanterie ne peut être que plus imprécise encore : d'après l'exposé qui précède et les 25 à 30 hectares du camp gaulois de Gergovie[67], je songe à une vingtaine de mille hommes[68]. La majeure partie des insurgés s'organisa ou combattit dans les cités[69] et la faute déjà si lourde de César marchant contre Gergovie avec 6 légions seulement[70] deviendrait incompréhensible si l'on donnait à Vercingétorix plus de 30.000 hommes. Les proportions de cette division constituent même un indice : elles montrent que les forces opposées par Vercingétorix à César n'étaient pas très supérieures à celles des Sénonais et des Parisiens[71]. D'après ces calculs, Vercingétorix serait arrivé à Alésia avec 40.000 hommes environ, si l'on admet que les renforts arvernes reçus à Bibracte[72] compensèrent à peu près ses pertes. Il ne semble pas en effet possible de forcer ce chiffre. Dès les premier jours, le chef gaulois est réduit à l'impuissance[73]. Son camp, tel que l'indique le croquis de

Veith lui-même d'après César et les fouilles de Napoléon III, a une superficie de 70 à 80 hectares[74]. Sans tenir compte de Polybe et d'Hygin qui sont des théoriciens, un campement romain a été identifié avec une absolue certitude ; le grand camp de Gergovie (6 légions) couvre un peu plus de 30 hectares[75]. Les faits confirment donc l'estimation théorique de Napoléon : 36 hectares pour 30.000 hommes[76]. Mais avant de conclure, on se souviendra que l'armée de Vercingétorix compte 15 à 18.000 cavaliers, c'est-à-dire 4 fois plus que n'en eut jamais César, et que le cavalier occupe une place quadruple[77] ou au moins double[78] de celle du fantassin. Il semble clair que le camp gaulois d'Alésia n'a guère pu contenir que l'effectif auquel je me suis arrêté ; il semble bien plus clair encore que les 100.000 hommes supposés par César n'y auraient jamais trouvé place[79].

La conduite ultérieure de Vercingétorix confirme d'ailleurs ce point de vue. L'Arverne renvoie sa cavalerie désormais inutile : il faut qu'il ménage ses vivres[80]. Or 20.000 hommes suffisaient à défendre Alésia[81] : c'est cette infanterie strictement nécessaire qui pouvait et devait être conservée[82]. Enfin, la cavalerie partie, Vercingétorix rassemble dans la ville tous les approvisionnements disponibles et les troupes[83]. Le mot décisif a été dit ici par Napoléon[84] : « Si Vercingétorix eût eu 80.000 hommes, peut-on croire qu'il se fût enfermé dans les murs de la ville ? Il eût tenu les dehors à mi-côte et fût resté campé se couvrant de retranchements, prêt à déboucher et à attaquer César ». Il l'eût fait d'autant plus sûrement que cette tactique lui avait valu la victoire à Gergovie et qu'il la suit en arrivant à Alésia ; s'il l'abandonne, ce ne peut être que le jour où son infériorité numérique le force à s'abriter derrière des murailles. J'ajouterai que la superficie d'Alésia est de 80 à 90 hectares[85]. La nécessité peut, il est vrai, créer dans une place d'extraordinaires entassements d'hommes : je doute cependant que sur ce terrain, encombré par les approvisionnements réunis, des constructions diverses et une population civile, 80.000 hommes en armes aient pu tenir[86]. Sur le nombre des prisonniers, que Veith regarde comme « la preuve la plus importante[87] » de la thèse, je reviendrai plus tard ; mais je veux dès maintenant rappeler que ces prisonniers sont loin de provenir « uniquement », comme il l'affirme, de l'armée assiégée[88].

IV. – L'ARMÉE DE SECOURS

Pour l'armée de secours, il faut, contre l'usage, distinguer radicalement deux textes, l'un qui donne l'effectif *demandé*[89], l'autre qui donne l'effectif *réuni*[90]. J'ai déjà, noté que le premier est altéré. Dans la mesure où cette remarque permet de se fier à lui, je le crois assez exact. Faute de base très sûre, les arguments de Delbrück ne sont nullement convaincants. S'il est vrai de dire que là où domine une aristocratie guerrière le nombre des combattants ne dépend pas de la population[91], les circonstances exceptionnelles dans lesquelles se trouvait la Gaule pendant le siège d'Alésia ont dû évidemment amener la convocation de l'arrière-ban valide[92] et toutes les opinions reconnaissent aux cités la possibilité matérielle de mettre sur pied beaucoup plus de 250.000 hommes[93]. On ne s'étonnera donc point de voir cette immense levée ne représenter qu'une partie des éléments disponibles[94]. De même, la difficulté pour une pareille masse de s'approvisionner ne me semble pas une objection décisive, puisqu'elle a été prévue[95]. Qu'on se soit encore trompé à ce sujet, peu importe. Enfin la précision avec laquelle César aligne ces divers chiffres permet de supposer, comme l'a fait Jullian[96], qu'ils ont une base documentaire[97] : quelle que puisse être l'inexactitude du futur dictateur, je répugne à lui allouer une telle ingéniosité dans le mensonge. Le *concilium principum* a donc pu vouloir submerger les retranchements romains sous le flot déferlant de 250.000 hommes. Mais a t-il réussi ?

˜ C'est ici que commence l'erreur intéressée de César. On ne manquera pas de remarquer d'abord que les levées de cette nature ont toujours et partout comporté un déchet énorme. Le texte permet positivement d'en tenir compte[98] ; il devient aussi beaucoup plus prudent[99] : la deuxième estimation dérive sans autre contrôle de la première. Et puis, comme au temps des tyrannies grecques, un parti aristocratique subsistait dans chaque cité[100]. Devant l'immensité du péril, des particularismes s'isolaient encore[101] et les villes qui, moins éloquentes qu'Avaricum, durent coopérer à leur propre destruction, étaient déjà sans doute lasses de sacrifices. Des jalousies louches grandissaient, tuant l'élan, conseillant l'inaction, la trahison peut-être[102]. J'entrevois que dans l'assemblée nationale, certains intérêts et certaines défiances ne plaidèrent pas moins contre l'avis de Vercingétorix que les considérations stratégiques[103]. Il ne faut pas d'ailleurs uniquement accuser les volontés. L'égorgement de l'Armorique ne date que de trois ans[104] ; les Nerviens[105] et les Morins[106] ont été saignés aux quatre veines ; les Sénonais et les Parisiens viennent d'être écrasés[107]. Les Éduens ont déjà 10.000 hommes chez les Allobroges, les Arvernes ont des troupes chez les Helviens, les Rutènes et les Cadurques chez les Volces Arécomices[108]. Quatre à cinq semaines au plus se sont écoulées entre le jour où la cavalerie de Vercingétorix a quitté Alésia et celui où l'armée de secours arrive devant la ville[109] et c'est pendant ce temps qu'il a fallu tirer cette armée des quatre coins de la Gaule, l'amener sur le territoire éduen, l'équiper, constituer ses cadres, la passer en revue[110]. M. Jullian s'étonne « qu'un mois à peine ait suffi » mettre sur pied 250.000 hommes[111]. Cet étonnement aurait pu justement devenir de l'incrédulité. Les cités les plus éloignées du théâtre de la guerre pouvaient couvrir d'un excellent prétexte – la distance – l'égoïsme de foyers à l'abri de l'ennemi : comment le parti romain ne l'aurait-il pas exploité[112] ?

Un document particulièrement important vient à l'appui de ces réflexions. Les fouilles de Napoléon III l'ont mis au jour dans les fossés du Mont Réa, c'est-à-dire sur le point où la lutte a été la plus chaude, 473 monnaies gauloises et 134 monnaies romaines[113]. La colonne de Vergasillaun fut, d'après César[114], formée des contingents les plus réputés pour leur courage et je lis dans les Commentaires « plurimum inter eos Bellovacos et virtute et auctoritate et hominum numéro valere[115]... Bellovaci quae civitas in Gallia maximum habet opinionem virtutis[116] » Hirtius confirme ces textes[117] et Strabon les explique : « Les Gaulois sont plus belliqueux à mesure qu'ils sont plus avancés vers le nord et plus voisins de l'Océan. A ce titre, le premier rang, dit-on, appartient aux Belges. Parmi les Belges mêmes, les Bellovaques sont réputés les plus braves et après les Bellovaques, les Suessions[118] ». Or, sur ces 473 monnaies gauloises, on en trouve 1 des Véliocasses[119] ; mais il n'en existe point des Nerviens[120], des Morins, des Atrébates, des Aulerques Cénomans de l'Armorique, des Bellovaques et des Helvètes. En revanche 118, c'est-à-dire ¼, appartiennent aux Séquanes, le peuple qui, après avoir appelé Arioviste à son aide, l'avait « sans même oser se plaindre » laissé usurper les 2/3 de son territoire[121]. Le soupçon se précise : les Bellovaques déjà si mal disposés[122] n'ont pas envoyé à Alésia les 2.000 hommes promis[123] ; cette abstention n'a pas été unique et la colonne du Mont Réa représente non point une fraction, mais la grande majorité de l'armée gauloise. Parmi les 454 monnaies gauloises déterminées, 404 appartiennent aux nations *proches du théâtre des opérations*[124]. D'autre part, les peuples désignés par ces monnaies, Éduens et Séquanes exceptés, sont à peu près c*eux qui se sont soulevés dès la première heure*[125]. Ces deux faits sont significatifs : en fin de compte, ils représentent, à mon sens, les bases sur lesquelles peut être fondé le départ entre l'armée appelée et l'effectif réuni[126].

Mais la bataille va nous fixer définitivement. Vers midi, les 60.000 hommes de Vergasillaun marchent sur les 2 légions de Reginus et Rebilus[127] pendant que Vercingétorix cherche son point d'attaque[128]. César envoie Labiénus avec 6 cohortes de renfort au Mont Réa, où l'ennemi progresse[129] et Brutus, puis Fabius, avec quelques cohortes au sud (cotes 311 et 291), où Vercingétorix, après une tentative sur le Mont Pévenel, a porté son armée ; il finit par amener lui-même sur ce point des troupes fraîches pour rétablir le combat[130]. Le proconsul prend 4 cohortes au castellum le plus proche pour tendre alors la main à. Labiénus, qui, voyant le retranchement emporté, a réuni 39 ou 40 cohortes prises un peu au hasard aux redoutes voisines et va, comme il en a reçu l'ordre, essayer une charge[131]. En même temps que celle-ci s'exécute, la cavalerie romaine, qui a contourné les lignes, prend à revers Vergasillaun et assure le succès[132]. Quand à l'armée de secours, son rôle se borne à une simple apparition au début de l'action[133]. Les fouilles ont en effet montré qu'on ne s'était battu que sur deux points : toutes les monnaies ont été recueillies aux abords du Mont Réa, sur la rive gauche du Rabutin, et sur la rive gauche de l'Ozerain[134]. Ainsi donc, ces 180.000 hommes seraient restés l'arme au pied pendant cette lutte suprême et auraient vu leurs héroïques camarades mourir avec le détachement amusé d'un amateur du cirque ! Contre Vergasivellaun, César réunit 7 légions[135] ; contre Vercingétorix, 2 légions au minimum, peut-être davantage : c'est dire qu'il a dû dégarnir à peu près totalement ses lignes. La moindre démonstration d'une fraction quelconque de l'armée de secours sur n'importe quel point eût suffi à faire des fossés d'Alésia des tombes toutes prêtes pour l'armée romaine[136] et cette diversion n'eût pas été tentée ! On a cherché à expliquer cette inconcevable attitude par une trahison éduenne[137]. Parmi les trois chefs qui auraient commandé ces 180.000 hommes les deux Éduens pourraient être en effet suspects ; mais il n'en est pas de même du troisième, Comm, qui venait d'être l'objet d'une tentative d'assassinat[138]. Au reste, les 60 monnaies éduennes livrées par les fossés du Mont Réa (1/8 du total) témoignent que, sur le champ de bataille du moins, les Éduens ont été loyaux.

Je laisse maintenant conclure Napoléon « L'armée de secours était, dit César, de 240.000 hommes. Elle ne campe pas[139], ne manœuvre pas comme une armée si supérieure à celle de l'ennemi, mais *comme une armée égale*[140]. » Elle a dû compter environ 60.000 hommes, la colonne de Vergasillaun 50.000, une dizaine de mille hommes constituant la. cavalerie et les troupes laissées à la garde du camp. Les Romains se sont donc battus à 2 contre 3, proportion que la physionomie générale de la. lutte rend extrêmement probable.

Deux vérifications sont possibles.

J'ai déjà rappelé qu'on a trouvé aux abords du Mont Réa 134 monnaies romaines et 473 monnaies gauloises, c'est-à-dire 3 fois 1/2 davantage. Cette proportion a une signification qui me semble concorder avec le chiffre auquel je suis disposé à m'arrêter si l'on réfléchit qu'une partie seulement des 7 légions romaines a supporté le plus fort de la lutte, mais que les pertes gauloises ont dû être très graves[141]. En outre, César dit qu'Éduens et Arvernes mis à part, ses 35.000 légionnaires eurent chacun un prisonnier[142]. La capitulation dut lui donner 20.000 hommes[143], la victoire et la poursuite, 20 ou 25.000 hommes au minimum – un grand tiers de l'effectif total[144] ; il put donc garder 8 à 10.000 Éduens et Arvernes, les légions pourvues[145]. Mais ce n'est qu'au moment où les légions prennent leurs quartiers d'hiver, après la soumission des Éduens et des Arvernes, qu'il rend à ceux-ci 20.000 captifs « environ[146] ». Il est légitime de penser qu'aux prisonniers d'Alésia furent alors joints ceux de l'Armançon[147], des Allobroges et des Helviens[148].

V. – CONCLUSION

Je me résume. Sans nier d'une façon générale la véracité des Commentaires, la nature et l'aspect mêmes du livre, les nécessités d'où il est né, imposent des vérifications et des réserves. Le texte seul ne peut pas suffire à emporter la conviction, dès qu'il se heurte à une invraisemblance. Or, si l'on peut admettre que la Gaule ait voulu rassembler sous les murs d'Alésia 250.000 hommes, il est plus difficile de croire qu'elle y ait réussi[149] ; il est également impossible que Vercingétorix ait jamais eu autour de lui 100.000 hommes. J'ai essayé d'établir que tout tend à cette démonstration : pour l'armée de Vercingétorix, la marche de César sur Gergovie, la superficie du camp gaulois à. Alésia, surtout la tactique du chef arverne ; pour l'armée de secours, la situation politique du pays, le temps employé à la formation de cette armée, la contradiction qui subsiste entre le témoignage des monnaies du Mont Réa et celui de César ; peu à peu cette conclusion si humainement vraisemblable prend corps qu'en dehors des peuples directement menacés par la guerre, les alliés de la première heure ont seuls fourni un contingent. Mais la lumière vient, avant toutes choses, et même pourrait uniquement venir de l'analyse de la campagne : Vercingétorix chef d'armée et la bataille d'Alésia sont les points essentiels de cette étude. Napoléon les a fixés définitivement[150]. Et qu'on ne m'objecte point que le vainqueur d'Ulm a pu être un archéologue médiocre, voire un méchant historien : il ne s'agit pas ici de monuments ou de textes. Lorsque l'intelligence militaire la plus extraordinaire que le monde ait connue affirme que l'armée d'Alésia « *manœuvre* » non comme une armée très supérieure à celle de l'ennemi, mais comme une armée d'égale force, il faut bien, à, défaut de preuves matérielles, voir dans cette parole, une preuve morale d'une valeur absolue.

Caen, décembre 1910.

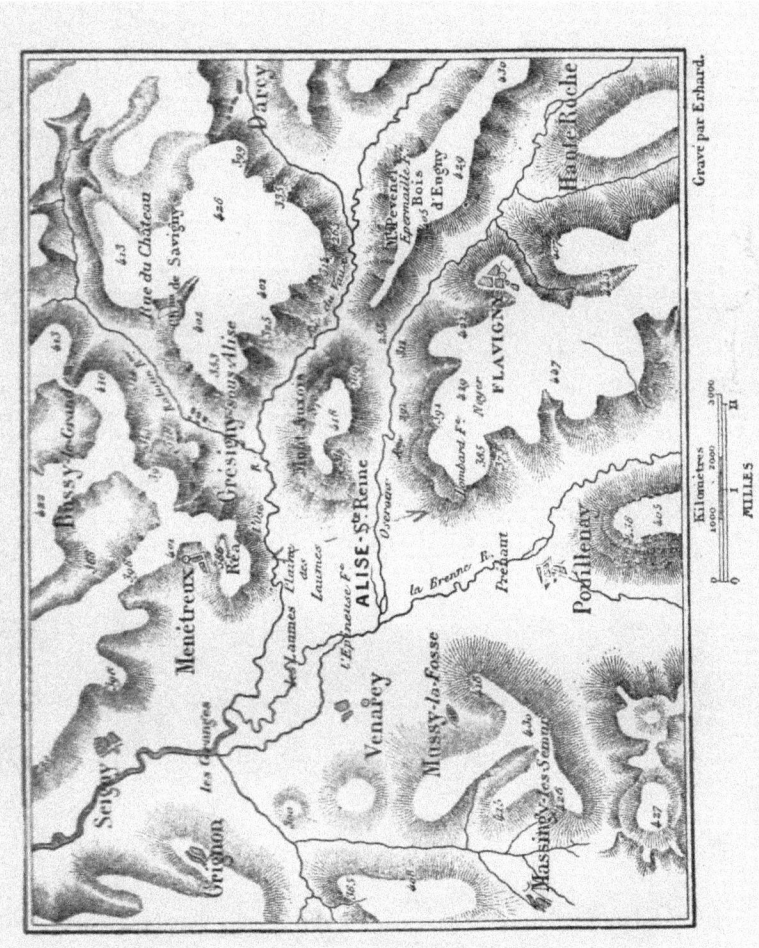

ALISE-SAINTE-REINE ET SES ENVIRONS.

NOTES

1. Duc d'Aumale, *Revue des Deux-Mondes*, XV (1858), p. 112 ; G. Veith, *Geschichte der Feldzüge* C.J. Caesars, Wien, 1906, p. 499 ; C. Jullian, *Histoire de la Gaule*, III, Paris, 1909, p. 176 : 50,000 hommes. - H. Delbrück, *Geschichte der Kriegskunst im Rahmen der politischen Geschichte*, I, *das Altertum*, Berlin, 1908^2, p. 531 : 70.000 hommes – Napoléon Ier *Commentaires*, Paris, VI, 1867, p. 522 (Précis des guerres de Jules César)) : 80.000 hommes.

2. *De Bello Gallico*, VII, 77,8 (un manuscrit a donné 90.000 hommes [Meusel]) et 76, 3.

3. 1° Pour César : Mommsen, *Histoire romaine*, VII, Paris, 1869, p. 96-97 et 328 q.([traduction Alexandre] appendice B : *Des Commentaires de César et de la foi qui leur est due)* ; Napoléon III, *Histoire de Jules César*, II, Paris, 1866, p. 262 ; Rice Holmes, *Caesar's Conquest of Gaul*, I, London, 1899, p. 173 sq. ; G. Veith, opus cité, p. 496 sq. ; Schanz, *Geschichte der römische Litteratur*, I, München, 1909, p. 134 (avec réserves) ; Jullian, opus cité, p. 176

n. 6 ; p. 516 n.2 (cf. *Revue des Études Anciennes*, XI (1910), p. 206 ; 2° Contre César : Turpin de Crissé, éd., 1, Montargis et ¨Paris, 1785, XV ; Napoléon 1er, opus cité p. 523 ; duc d'Aumale, opus cité, p. 111 sq. ; Desjardins, *Géographie de la Gaule*, Paris, II, 1878, p. 699 n.2, p. 705 ; Rauschenstein, *Der Feldzug Caesars gegen die Helvetien*..., Zürich, 1882, passim ; Duruy, *Histoire des Romains*, IV, Paris, 1882, p. 208 n.3 ; p. 212 n.1 ; Delbrück, opus cité, p. 526 sq. ; Benoist, éd. Paris, 1899, p. 405 n. ; Dittenberger-Kraner, éd., Berlin, 1898, p. 31 ; Bloch, *La Gaule indépendante et la Gaule romaine*, Paris, 1904, p. 34 et 99 ; Ferrero, *Grandeur et décadence de Rome*, II, Paris, 1906, p. 158 n.1 et 162 n.1.

4. Opus cité, Vorrede, VI ; cf. Curtius, *Histoire grecque*, Paris 1883, p. 339.

5. Elle est donnée par ce passage du *dernier* livre des Commentaires (VII, 6,1) : « Cum jam ille [Caesar] urbanas res *virtute Cn. Pompeii* commodiorem in statum pervenisse intellegeret ».

6. Caeteri enim quam bene atque emendate nos etiam quam facile atque celeriter eos perscripserit scimus (*De Bello Gallico*, VIII, praef., 6). - Cité par Suétone.

7. Neque adhuc certi quidquam est neque haec in certa tamen vulgo jactantur, sed inter paucos quos tu nosti palam secreto narrantur (Caelius à Cicéron, *ad. Familiares*, VIII, I, 4). Cf. *De Bello Gallico*, VIII, 50, 4.

8. V. Ferrero, opus cité, 49, 50 n.1, 180 sq.

9. *Histoire romaine*, VIII, p. 270.

10. Desjardins, *Alésia*, Paris 1859, pl.

11. Cf. VIII, 76, 2 et 63, 7 ; V. Dittenberger, éd., p. 27.

12. Plutarque, *Caesar*. 26 ; Servius, *ad Aen.* ; XI, 743.

13. *De Bello Gallico*, VIII, 23.

14. C'est pourquoi on ne s'étonnera point que les données du *De Bello Civili* soient plus conformes à la vérité, ce que reconnaît Veith (opus cité, p.500 : il y a là des aveux précieux).

15. V. Horace, *Odes*, II, 1 (cette Ode lui est dédiée).

16. Suétone, *Caes.*, 56.

17. *De Bello Gallico*, VII, 75.

18. Voir le tableau ci-joint. - Le chiffre global de 258.000 hommes paraît cependant à peu près hors de discussion (quelques manuscrits α donnent 240.000 fantassins).- Cf. la note de Blaise de Vigenère (Traduction A. de Bandole, Paris, 1625, p. 340).

19. *De Bello Gallico*, I, 24, 2.

20. *De Bello Gallico*, I, 7, 2.

21. *De Bello Gallico*, I, 10, 3.

22. *De Bello Gallico*, II, 2, 1 et 8, 5.

23. Napoléon III, opus cité, p. 86.

24. *De Bello Gallico*, V, 24, 4.

25. *De Bello Gallico*, VI, 1, 1 et 32, 5. - Quod cum Pompeius et reipublicae et amicitiae tribuisset celeriter confecto *per suos* delectu tribus *ante exactam hiemem* et constitutis et adductis legionibus duplicatoque earum cohortium numero quas cum Q. Titurio amiserat (VI, 1, 4). Plutarque (*Caes.*, 25) se trompe : καί γὰρ ἧκεν ἐξ ἰταλὰς ἀντί τῶν ἀπολωλότων αὐτῷ τρία τάγματα

Πομπηίον μὲν ἐκ τῶν υφ᾽ αὑτῶ δύο χρήσαντος, ἐν δέ νεοσύλλεκτον ἐκ τῆς περί Πάδον Γαλατίας. - Le texte des Commentaires rend tous ces détails très clairs, quoi que pense Dittenberger (éd. p. 24).

26. On s'appuie sur ce texte : « legionem primam quam ad Caesarem miserat » [Pompeius] (*De Bello Gallico*, VIII, 54, 2) ; voir Delbrück, opus cité, p. 526 n.1.

27. *De Bello Gallico*, VI, 44, 3.

28. *De Bello Gallico*, VII, 90, 7. Cf. VII, 34, 2.

29. *De Bello Gallico*, VIII, 2, 1 et 24, 2.

30. *De Bello Gallico*, VIII, 4, 3.

31. *De Bello Gallico*, VIII, 24, 2 et 30, 2.

32. *De Bello Gallico*, VIII, 24, 3 (cf. 54,3) et 46, 4.

33. *De Bello Gallico*, VIII, 54, 3 et 4.

34. *De Bello Gallico*, VII, 90, 6.

35. Voir note 25.

36. Ἑξακισχιλίιτιον ὁπλιτῶν δυναμιν Καίσαρι κέχρηκεν εἰς Γαλατίαν (Plutarque, *Cat. Min.*, 45. - Cf. le passage cité note 25). 6.000 hommes étant l'effectif d'une légion et non de trois, il faut en conclure que Caton prononçait ce discours au moment où César n'avait encore reçu qu'une légion.

37. *De Bello Gallico*, VII, 90, 7 et VIII, 4, 3. - Son chef est P. Sulpicius. Il n'est en effet titulaire d'aucun commandement avant 53 ; il avait été seulement chargé de défendre Portus Itius en 55

« cum eo praesidio quod satis esse arbitrabatur » (*De Bello Gallico*, IV, 22, 6).

38. *De Bello Gallico*, VII, 34, 2 et 90.

39. *De Bello Gallico*, VII, 7, 5. - Cf. 57, 1.

40. *Caesar*, 24.

41. Éd. Leipzig, 1847 [Quaestiones Caesarianae], p. 120.

42. Opus cité, 90. La formation d'une légion gauloise à cette date me paraît absolument invraisemblable.

43. Comme le disent Napoléon III (opus cité p. 251 n. 2), Desjardins (opus cité p. 692 n. 1), Delbrück (opus cité, p. 531), Ferrero (opus cité, p. 90), Jullian (opus cité, p. 513 n. 6) etc. - Cf. Delbrück, opus cité, p. 530 n. 2 et Veith, opus cité, p. 201 et 499. L'hypothèse de Delbrück, qui, pendant le siège d'Alésia, emploie la VIe légion à escorter des convois le long de la Saône, est bien un pur roman. César, coupé de la Province (interclusis omnibus itineribus *nulla re* ex provincia atque Italia sublevari poterat [VII, 65, 4]), tira alors ses approvisionnements des pays tout proches où il venait de se reposer et de se renforcer.

44. Voir *De Bello Gallico*, VIII, locution citée et passim.

45. *De Bello Gallico*, voir 49, 7, et 48. 1. - Les 8 légions de Pharsale comptent 22.000 hommes *(De Bello Civili*, III, 89, 2).

46. C'est l'effectif de la XIIIe légion à la fin de 51 (Plutarque, *Caesars*, 52, *Pompeius*, 60).

47. *De vict. pop. rom.*, 5 : « cum decem legionibus quae quaterna millia militum Italorum habuerunt ». - Voir Marquardt, *De l'organisation militaire chez les Romains*, Paris, 1891, 151 n. 2.

48. *De Bello Gallico*, VII, 51, 4.

49. Suétone, *Caes.*, 25 : « ... clades... ad Gergoviam legione fusa... ». - Ce chiffre est accepté par le duc d'Aumale (opus cité p. 70 et 75) et Veith (opus cité p. 499). L'estimation de Pauly (*Real Encycl.*, IV, Stuttgart, 1846, p. 858) et de Napoléon III (opus cité p. 86) – 5.000 hommes – est trop forte ; celle de Ferrero (opus cité p. 143 n. 1) – 3.000 hommes – trop faible.

50. Voir *De Bello Gallico*, I, 15, 1 ; IV, 12, 1 ; V, 5, 3.

51. « Equitesque ab his (Germanis) arcessit et levis armaturae pedites ». *De Bello Gallico*, VII, 65, 4. - (Voir VII, 13, 1).

52. Pour la campagne, voir l'émouvant raccourci de Napoléon (opus cité, 513 sq.), l'article du duc d'Aumale (opus cité), chef-d'œuvre de clarté, d'analyse et de divination qui n'a pas été dépassé, les fouilles de Napoléon III (1862 – opus cité, planches et appendices), l'étude très personnelle de Ferrero (opus cité), et le tome III de *l'Histoire de la Gaule* de Jullian. En dehors du texte (*De Bello Gallico*, VII), dont cette étude n'est que la discussion, ces ouvrages sont nécessaires et suffisants. On trouvera une bibliographie de détail dans Jullian (opus cité).

53. *De Bello Gallico*, VII, 4, 9. - Après Avaricum, Vercingétorix obtient qu'elle transforme son « Wagenburg » en camp romain (VII, 29, 7 et 30, 4). - Ce mode de bivouac ne lui était pas d'ailleurs complètement inconnu (voir III, 23, 6 ; 25, 1 et 2 ; voir 42, 1).

54. Cf. Mommsen, opus cité, VII, p. 84.

55. Imprimis aequitatui studet (*De Bello Gallico*, VII, 4, 8).

56. Certum numerum militum ad se celeriter adduci jubet, armorum quantum quaeque civitas domi quodque ante tempus efficiat, constituit (*De Bello Gallico*, VII, 4, 8).

57. *De Bello Gallico*, VII, 5, 1 ; VIII, 30, 1.

58. *De Bello Gallico*, VII, 13 ; 68,1 ; 70.

59. *De Bello Gallico*, VII, 14.

60. *De Bello Gallico*, VII, 29, 4.

61. *De Bello Gallico*, VII, 31, 4 et 5.

62. Omnes equites, quindecim millia numero, celeriter convenire jubet : peditatu quem antea habuerit se fore contentum dicit (*De Bello Gallico*, VII, 64, 1 et 2).

63. *De Bello Gallico*, VII, 66, 1.

64. Cf. *infra* p. 9 – Malgré le mot « omnes », l'armée de secours aura encore 8.000 cavaliers (*De Bello Gallico*, VII, 76, 3).

65. Déduction faite des pertes et des 800 chevaux donnés à Époredorix (*De Bello Gallico*, VII, 64, 4). - Je tire ce chiffre de celui de *toute* la cavalerie gauloise disponible après Gergovie (voir *supra* n. 4).

66. Ferrero, opus cité, p. 143, mêmes chiffres (7 à 8.000) ; Jullian, opus cité, p. 425 : « le plus de cavalerie possible » (? - cf. Vercingétorix, p. 159 : 6 à 7.000).

67. Napoléon III, opus cité, planche 19. - Voir *infra* p. 8.

68. Ferrero, locution citée : « 7 à 8.000 fantassins, peut-être moins » ; Jullian, opus cité, p. 425 : 80.000 hommes ; Delbrück, opus cité, p. 538 : 20 à 30.000. - Cf. Veith, opus cité, p. 498.

69. Voir p. 6 et p. 9.

70. *De Bello Gallico*, VII, 34, 2.

71. L'assemblée de Bibracte demande aux premiers 12.000 hommes, aux seconds 8.000 (*De Bello Gallico*, VII, 75, 3) : Labiénus a 4 légions et une partie de la cavalerie (*De Bello Gallico*, VII, 34, 2).

72. *De Bello Gallico*, VII, 66, 1.

73. *De Bello Gallico*, VII, 70, 72, 73.

74. Opus cité, planche 17. Cf p. 498, le plan de Napoléon III (opus cité, planche 23) et Pernet (*Pro Alésia*, IV, 1906-1910, p. 556 sq.).

75. 550^m x 550^m. (Napoléon III, opus cité planche 20). Je laisse à dessein de côté le camp sur l'Aisne qui pourrait à l'extrême rigueur prêter à discussion ; cf. cependant Napoléon III, opus cité planche 8 ; 40 hectares pour 8 légions.

76. Opus cité, 500 : « une armée consulaire, renforcée par des troupes légères et des auxiliaires, forte de 24.000 hommes d'infanterie, de 1.800 chevaux, en tout près de 30.000 hommes... ».

77. Polybe, VI, 28.

78. Hygin, *De mun. Castr.*, 2 et 34.

79. On a dit que Vercingétorix pouvait utiliser les pentes : mais César et les fouilles indiquent *un* camp gaulois et non plusieurs. - Cf. 1° Beaumont : campement S., 7 hectares, 10.580 hommes ; campement N., 9 hectares, 7.400 hommes, (1/3 cavalerie). (D'après Defourny, *L'armée de Mac-Mahon et La bataille de Beaumont*, Bruxelles, 1872, 48 : colonel Rousset, *Histoire de la guerre de 70*, Paris, sans date, II, 264 ; carte au 1/25.000 du grand État-major allemand – ce campement était « particulièrement resserré » [colonel Rousset].) - 2° Bivouac d'un bataillon (Felddienst. Ordnung, Berlin, 1894, 111) : 4 hectares [un millier d'hommes] – 3° Bivouac d'un bataillon (Instr. Prat. Sur le service de

l'Infanterie en campagne, Paris, 1902, 95 et 96) : 1 hectare ¼ en colonne double ; 2 hectares ¼ en ligne de colonnes de compagnie.

80. Ratione inita se exigue dierum XXX habere frumentum, sed paulo etiam longius tolerare posse parcendo (De Bello Gallico, VII, 71, 4).

81. Napoléon Ier, opus cité, p. 522.

82. Delbrück, opus cité, p. 532.

83. Copias omnes quas pro oppido collocaverat in oppidum recipit (*De Bello Gallico*, VII, 71, 8).

84. Opus cité, p. 523.

85. D'après le même croquis de Veith, la même planche de Napoléon III et le plan parcellaire publié par *Pro Alésia*, I [1906-1907], plan I.

86. Cf. Veith, opus cité, p. 498.

87. Locution citée.

88. ... Vercassivellaunus arvernus visus in fuga comprehenditur... (*De Bello Gallico*, VII, 88, 4) ... De media nocte missus equitatus novissimum agmen consequitur : *magnus numerus capitur* atque interficitur ; *reliqui* ex fuga in civitates discedunt (VII, 88, 7). - César rend 20.000 captifs aux Éduens et aux Arvernes (VII, 90, 3) : il n'y avait pas un seul Éduen dans Alésia (voir *supra* p. 7).

89. *De Bello Gallico*, VII, 75. - ... Imperant ... (VII, 75, 2).

90. Coactis equitum VIII milibus et peditum circiter CCL haec in Aeduorum finibus recensebantur. - Les deux chiffres concordent à peu près.

91. Delbrück, opus cité, p. 532 et 533.

92. Voir *De Bello Gallico*, V, 56, 2 ; VI, 15, 1 et 2 ; VIII, 12, 5. - Delbrück (locution citée) écarte cette pensée sous prétexte que cet appel eût été une erreur. C'est possible – l'assemblée nationale s'était cependant posé la question [VII, 75, 1], - mais qu'est-ce que cela prouve ? Plus loin (p. 537) il est d'ailleurs forcé d'admettre en partie cette hypothèse.

93. *De Bello Gallico*, II, 4 (confédération belge) ; Diodore, V, 25 (« les plus fortes tribus sont d'environ 200.000 hommes, les plus faibles de 50.000 ») ; Delbrück, opus cité p. 527 ; Jullian, *Histoire de la Gaule*, II, Paris, 1908, p. 3 sq.

94. Galli concilio principum indicto non omnes qui arma ferre possent, ut censuit Vercingetorix, convocandos statuunt, sed certum numerum cuique civitati imperandum, ne tanta multitudine confusa nec moderari nec discernere suos nec frumentandi rationem habere possent (*De Bello Gallico*, VII, 75 , 1).

95. Voir note 94.

96. *Histoire de la Gaule*, III, Paris, 1909, p. 516 n. 2.

97. L'hypothèse la plus plausible paraît être celle d'un témoignage oral (éduen ?) : cf. *De Bello Gallico*, II, 4, 4. Je concevrais mal des « situations d'effectif ». Mais qu'a pu valoir ce témoignage en admettant que César ne l'ait pas déformé ? - Voir note 65.

98. Cf. *De Bello Gallico*, VII, 75, 3 et 5.

99. Circiter... - Voir p. 9 note 6.

100. Parti romain : Duratius chez les Pictons (VIII, 26, 1) ; Epasnactus chez les Arvernes (VIII, 44, 3) ; Époredorix et

Viridomar chez les Éduens (VII, 63, 68 et 69) – Voir *De Bello Gallico,* III, 17, 3 – Cf. I, 16, 6 et VII, 33, 2.

101. Quod se suo nomine atque arbitrio cum Romanis bellum gesturos dicerent [Bellovaci] neque cujusquam imperio obtemperaturos (*De Bello Gallico*, VII, 75, 5). - Cf. II, 4, 5 et VIII, 7, 4.

102. Magno dolore Haedui ferunt se dejectos principatu ; queruntur fortunae commutationem et *Caesaris indulgentiam in se requirunt, neque tamen, suscepto bello, suum concilium ab reliquis separare audent* (*De Bello Gallico*, VII, 63, 8).

103. Voir note 94.

104. *De Bello Gallico*, III, 16, 4.

105. *De Bello Gallico*, II, 28 et 33 ; V, 51 ; VI, 3.

106. *De Bello Gallico*, III, 28 et 29 ; IV, 22 , 37 et 38.

107. *De Bello Gallico*, VII, 62.

108. Voir *De Bello Gallico*, VII, 64-47.

109. Voir note 21.

110. *De Bello Gallico*, VII, 76, 3 et 4. - Cf. Les miracles accomplis par Napoléon en avril et mai 1815 au prix d'un travail de 14 heures par jour.

111. Opus cité, p. 515.

112. Je doute même que toutes les adhésions au premier soulèvement (*De Bello Gallico*, VII, 3 6) aient été très effectives, celle de l'Armorique par exemple. - Voir le tableau ci-joint.

Noms[A] des peuples gaulois	César, VII, 75 (Soulèvement général)		Monnaies trouvées au mont Rhéa (Napoléon III, II, 492)	Contingent d'après les monnaies[B]
	Meusel (1894)	Dittenberger (1898)		
Aedui Segusiavi Ambivareti[C] Aulerci-Brannovices	35.000	35.000	60 » » »	8.500[E]
Brannovii	[interpol[ee]]		»	
Arverni *Éleuteti*[D] *Cadurci* Gabali Vellavii	35.000	35.000	104 » 1 » »	11.500 } » } 1.000 } 13.000[F] 500 }
Sequani *Senones*	12.000 id.	12.000 id.	118 7	12.000[G] 4.000[H]
Bituriges	12.000	12.000	39	4.000
Santoni	id.	id.	1 ?	100
Ruteni	id.	id.	»	»
Carnutes	id.	id.	44	5.000
Bellovaci	10.000	10.000	»	»
Lemovices[I]	id.	3.000	5	600
Pictones	8.000	8.000	13	1.500
Turones	id.	id.	»	»
Parisii	id.	id.	»	»
Helvetii	id.	id.	»	»
Andes[J]	6.000	»	»	»
Ambiani	id.	5.000	»	»
Mediomatrici	id.	id.	»	»

LA QUESTION DES EFFECTIFS AU SIEGE D'ALESIA

Petrocorii	id.	id.	4	600
Nervii	id.	id.	»	»
Morini	id.	id.	»	»
Nitiobroges	id.	id.	»	»
Aulerci-Cenomani	5.000	id.	»	»
Atrebates	id.	4.000	»	»
Veliocasses	4.000	id.	1	100
Lexovii [J]	3.000 (interpolation)	»	»	»
Aulerci-Eburovices	3.000	3.000	5	600
Raurici	2000	2.000	»	»
Boii	id.	id.	»	»
Civitates Aremoricae	10.000	30.000	»	»
Helvii ?	»	»	4	»
Leuci	»	»	1	»
Treveri	»	»	1	»
Remi	»	»	2	»
Suessiones	»	»	1	»
? Mandubii, Lingones, Tricasses	»	»	34	»
Ligue contre les Germains	»	»	2	»
Volcae	»	»	5	»
Massalietes	»	»	2	»
Indéterminés	»	»	19	?

A. Les nations ayant pris part au premier soulèvement sont en italiques (voir VII, 3, 4, 5).

B. En supposant la colonne de Vergasillaun de 50. 000 hommes.
C. Dittenberger (éd., p. 420) les remplace d'après Mommsen par les Ambarri, - à tort, je crois.
D. Dittenberger (locution citée) serait disposé, d'après Glück, à leur substituer les Helvii : c'est inadmissible (VII, 64, 6).
E. On ne s'étonnera point de la faiblesse relative de ce chiffre (voir VII, 63, 8). - J'attribue aux Éduens les monnaies de la ligue contre les Germains et la moitié du lot « Mandubiens, Lingons, Tricasses » (voir VII, 63, 7).
F. J'attribue aux Cadurques les monnaies de Volces et des Massalietes, aux Gabales, celles des Helviens (voir VII, 64).
G. Dans une certaine mesure, la coïncidence de ce chiffre avec celui de César vérifie à la fois le 75e chapitre du VIIe livre et le total que j'ai admis (50.000 hommes). Elle n'a rien de surprenant d'ailleurs : 1° les Séquanes n'avaient pas encore fourni un seul fantassin ; 2° c'étaient eux qui, depuis la reprise des hostilités, étaient immédiatement menacés (voir VII, 66,2).
H. Je leur attribue les monnaies des Rèmes (voir VII, 63, 7), celles des Suessions, des Leuques et des Trévires, la moitié du lot « Mandubiens, Lingons, Tricasses ». - Voir à titre de renseignements dans le tableau suivant quelques monnaies trouvées en 1906-1908 (*Pro Alésia*, I [1906-1907], p. 176 ; III [1908-1909], p. 396, 533).
I. Dittenberger place les Lémovices après les Véliocasses.
J. Dittenberger ne les nomme point.

	1906	1907	1908
Consulaires	2	4	2
Carnutes	4	»	»
Éduens	33 ?	27 ?	8
Leuques	2	1	1
Pictons	1	»	»
Sénons	7	3	3
Séquanes	2	4	»
Tricasses ou Lingons ?	10	20	1

113. Napoléon III, opus cité, p. 492 et 489. - Cf. *Dictionnaire archéologique de la Gaule*, I, Paris, 1875, p. 37 sq. ; de Saulcy, *La*

salle d'Alésia (*Journal des savants*, 1880, p. 563) ; A. Blanchet, *Traité des monnaies gauloises*, Pais, 1905, p. 496.

114. ... ex omni numero deligunt earum civitatum *quoe* maximam virtutis opinionem habebant (De Bello Gallico, VII, 83, 4).

115. II, 4, 5.

116. VII, 59, 5.

117. *De Bello Gallico*, VIII, 6, 2 : Bellovacos qui belli gloria Gallos omnes Belgasque praestabant.

118. Strabon, IV, 4, 2 et 3 (traduction Tardieu). - Cf. *De Bello Gallico*, I, 1, 3 : « Horum omnium (Gallorum) fortissimi sunt Belgae propterea quod a cultu atque humanitate Provinciae longissime absunt minimeque ad eos mercatores saepe commeant atque ea quae ad effeminandos animos pertinent, important... » - I, 1, 4 : « Qua de causa, Helvetii quoque reliquos Gallos virtute praecedunt. »

119. Voir *Tableau*. - Les Suessions en ont fourni une ; mais ils étaient alliés des Romains (*De Bello Gallico*, VIII, 6, 2 et VII, 63, 7).

120. Voir *De Bello Gallico*, V, 34, 2.

121. *De Bello Gallico*, I, 32, 4 et 31, 10.

122. Voir note 101.

123. « Rogati tamen a Commio pro ejus hospitio duo millia miserunt » (*De Bello Gallico*, VII, 75, 5). - Cf. Tourneur, *Une monnaie de nécessité des Bellovaques* (*Gazette numismatique de Bruxelles*, X, 1906, p. 83 sq.) et A. Blanchet, *Chronique de numismatique celtique* (*Revue celtique*, XXVIII, 1907, p.74).

124. 104 aux Arvernes, 39 aux Bituriges, 44 aux Carnutes, 60 aux Éduens, 34 aux Mandubiens, Tricasses ou Lingons, 7 aux Sénons, 118 aux Séquanes. (Voir *Tableau*).

125. Florus (III, 10) se trompe évidemment en y rangeant les Séquanes. Cf. *De Bello Gallico*, VII, 3, 4 et 5.

126. Cf. *supra* et le tableau ci-joint. Il est clair que les chiffres établis d'après le nombre des monnaies sont très hypothétiques ; leur rapport constant avec ceux de César demeure toutefois extrêmement remarquable (voir notes E et G).

127. *De Bello Gallico*, VII, 83, 3 et 4.

128. *De Bello Gallico*, VII, 84, 1 et 2. - *Tous* les manuscrits portent : « Vercingétorix ex arce Alesiae suos conspicatus ex oppido egreditur castris » (α) ou « a castris » (β) ; tous les éditeurs ont vu une contradiction entre cette leçon et la première partie de la phrase : ils donnent : ... « egreditur ; crates, longurios, etc. » - J'avoue ne pas comprendre. Le texte est parfaitement clair : Vercingétorix en sortant d'Alésia traverse le camp abandonné. (Pour le sens, voir *De Bello Gallico*, III, 19, 2 ; II, 23, 5 ; V, 58, 4 ; - I, 1, 5 ; I, 23, 3 ; II, 11, 4 ; 23, 4 ; 24, 2 ; III, 25, 2 ; VI, 37, 1 et 2, etc.) - La leçon « a castris » me semble préférable. - Ce passage prouve que le chef arverne attaque d'abord non les formidables lignes des Laumes, ce qui d'ailleurs n'est guère stratégiquement admissible, mais le Mont Pévenel, qui lui fermait sa ligne de retraite.

129. *De Bello Gallico*, VII, 86, 1.

130. *De Bello Gallico*, VII, 87, 1 et 2.

131. Cf. Delbrück, opus cité, p. 534, note 1. Voir *De Bello Gallico*, VII, 87, 5 (cf. 86, 2) : « coactis una XL cohortibus quas ex

proximis praesidiis deductas fors obtulit ». C'est par pure conjecture que Holder, Kübler et Meusel ont corrigé « XI » ; tous les manuscrits sont unanimes (α : « una de XL » ou « una XL » ; β : « de XL »).

132. *De Bello Gallico*, VII, 87, 4 ; 88, 3.

133. Equitatus ad campestres munitiones accedere et reliquae copiae pro castris sese ostendere coeperunt (*De Bello Gallico*, VII, 83, 8).

134. Napoléon III, opus cité, 487 ; Pernet (*Pro Alésia*, III, 1908-1909, 460).

135. Veith, opus cité, 500) prétend que les 40 cohortes rassemblées en dernier lieu par Labiénus comprennent les 2 légions primitives et ses 6 cohortes. Le texte dit formellement le contraire. Il serait muet que cette interprétation se heurterait à une impossibilité tactique : Labiénus n'aurait pas songé à préparer une charge en affaiblissant le front de résistance ; cette préparation même exigeait un abri.

136. Voir *De Bello Gallico*, VII, 84, 3 (« Romanorum manus tantis munitionibus distinctur nec facile pluribus locis occurit » cf. VII, 73, 2) ; Crissé, opus cité, I, 157, n. ; Delbrück, opus cité, 534 et 536 – Les lignes d'Alésia avaient 36 kilomètres (*De Bello Gallico*, VII, 69, 6 et 74, 1), César 50.000 hommes. Cf. 1° Plewna (A . Le Faure, *Histoire de la guerre d'Orient*, Paris 1878, II, 212 et 229 [rapport de Totleben]) : 70 verstes (75 kilomètres et 150.000 hommes). - 2° Belfort. (Cours de l'École de guerre 1889-1890 [Fortification permanente, 73]) : 20 kilomètres et 36 .000 hommes. 3° Paris. (Général Ducrot, *La défense de Paris*, Paris, 1875, p. 296) : 84 kilomètres et 180.000 hommes [3e armée et armée de la Meuse].

137. Réville, *Vercingétorix* (*Revue des Deux-Mondes*, XXIII, [1877], p. 67).

138. *De Bello Gallico*, VIII, 23.

139. Colle exteriore occupato non longius mille passibus ab nostris munitionibus (*De Bello Gallico*, VII, 79, 1).

140. Opus cité, 523. L'attaque de nuit qui a précédé la bataille décisive prête à une remarque identique (*De Bello Gallico*, VII, 81 ; 82).

141. Fit magna caedes (VII, 88, 3).

142. *De Bello Gallico*, VII, 89, 5. - Je suppose que ses pertes furent au moins égales à celles de Gergovie (voir note 49).

143. 2 à 3.000 tués, blessés, etc. ?

144. Voir note 88.

145. Ce chiffre représente également un peu plus du tiers de l'effectif éduen et arverne (voir *Tableau*).

146. Circiter (*De Bello Gallico*, VII, 90, 4. - Cf. VII, 89, 5).

147. *De Bello Gallico*, VII, 67, 6 et 7 ; 68, 2.

148. *De Bello Gallico*, VII, 64, 4-7 ; 65, 2 et 3.

149. Les chiffres de César paraîtront bientôt eux-mêmes fades et mesquins ; Plutarque (*Caes.*, 27) parlera de 300.000 hommes, Strabon (IV, 2, 3) de 400.000 : tels sont les inéluctables progrès de toutes les légendes.

150. Opus cité, p. 523.

COMPLÉMENTS DE NOTES

(Source Pro Alesia 1906-1907)

Il existe deux familles de manuscrits concernant *La guerre des Gaules*.

Manuscrits de la première classe (α) :

A=ms. d'Amsterdam (Amstelodamensis 81), du IXe-Xe siècles.

M=ms. de Paris (Bibliothèque Nationale, lat. 5056), du XIe siècle, appelé quelquefois Moysiacensis, parce qu'il provient de l'abbaye de Moissac.

B=ms. de Paris (Bibliothèque Nationale, lat. 5763), du IXe-Xe siècles.

R= ms.de Rome (Vaticanus 3864, ou *Romanus*), du Xe siècle.

Manuscrits de la seconde classe (β):

T=ms. de Paris (Bibliothèque Nationale, lat. 5764), du XIIe siècle qui a jadis appartenu à J. A. de Thou, d'où son nom de *Thuaneus*.

U=ms. de Rome (*Vaticanus* 3324 ou *Ursinianus*), du XIe-XIIe siècles.

Ces manuscrits sont notés ici par les lettres qui les désignent dans l'édition Kübler (Leipzig, 1893) et dans l'édition R. du Pontet (Oxford, 1900). La notation de l'édition Meusel (Berlin, 1894) est sensiblement différente : le Parisinus 5056 y est désigné par Q, le Paris. 5764 par a, le Vaticanus 3324 par h.

NIELROW ÉDITIONS
DIJON (FRANCE)
Dépôt légal 1er trimestre 2018

www.ingramcontent.com/pod-product-compliance
Lightning Source LLC
Chambersburg PA
CBHW061303040426
42444CB00010B/2502